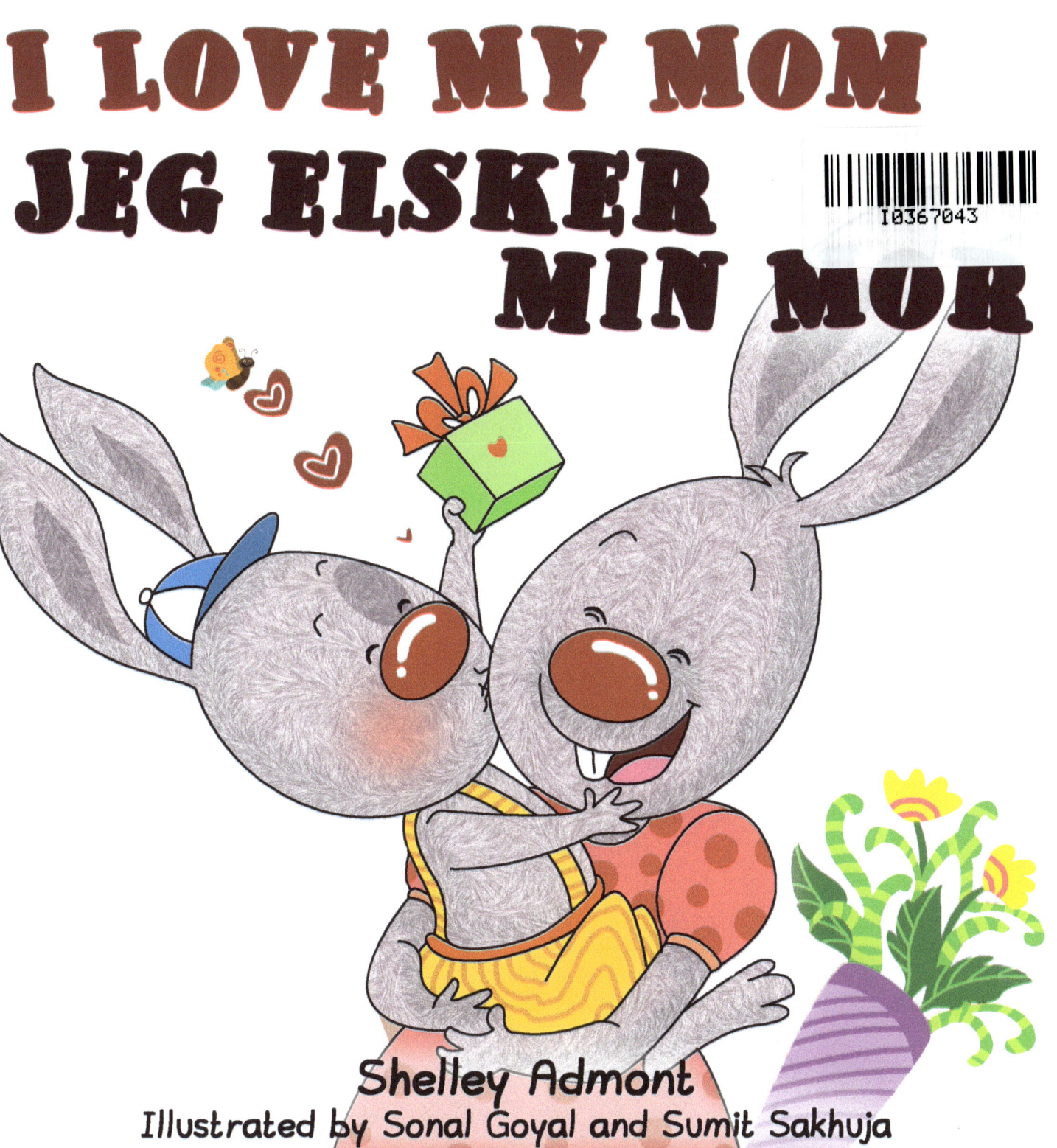

www.kidkiddos.com
Copyright©2014 by S.A.Publishing ©2017 by KidKiddos Books Ltd.
support@kidkiddos.com

All rights reserved. No part of this book may be reproduced in any form or by any electronic or mechanical means, including information storage and retrieval systems, without written permission from the publisher or author, except in the case of a reviewer, who may quote brief passages embodied in critical articles or in a review.
Alle rettigheder forbeholdes.
Second edition, 2019

Translated from English by Nancy Jørgensen
Oversat fra engelsk af Nancy Jørgensen

Library and Archives Canada Cataloguing in Publication
I Love My Mom (Danish Bilingual Edition)/ Shelley Admont
ISBN: 978-1-5259-1762-2 paperback
ISBN: 978-1-5259-1763-9 hardcover
ISBN: 978-1-77268-771-2 eBook

Please note that the Danish and English versions of the story have been written to be as close as possible. However, in some cases they differ in order to accommodate nuances and fluidity of each language.

For those I love the most-S.A.
Til dem jeg elsker mest-S.A.

Tomorrow was Mom's birthday. The little bunny Jimmy and his two older brothers were whispering in their room.

I morgen var det mors fødselsdag. Den lille kanin Jimmy og hans to ældre brødre sad og hviskede på deres værelse.

"Let's think," said the oldest brother. "The present for Mom should be very special."

"Lad os tænke os om," sagde den ældste bror. "Gaven til mor skal være helt speciel."

"Jimmy, you always have good ideas," added the oldest brother. "What do you think?"

"Jimmy, du har altid gode idéer," tilføjede den ældste bror. "Hvad synes du?"

"Ahm…" Jimmy started thinking hard. Suddenly he exclaimed, "I can give her my favorite toy — my train!" He took the train out of the toy box and showed it to his brothers.

"Øhh…" Jimmy tænkte længe. Pludselig udbrød han "Jeg kan give hende mit yndlingslegetøj – mit tog!" Han tog toget ud af legetøjskassen og viste det til sine brødre.

"I don't think Mom wants your train," said the oldest brother. "We need another idea. Something that she will really like."

"Jeg tror ikke mor vil have dit tog," sagde den ældste bror. "Vi må finde på en anden idé. Noget hun virkelig vil kunne lide."

"We can give her a book," screamed the middle brother happily.

"Vi kan give hende en bog," skreg den mellemste bror glad.

"A book? It's a perfect gift for Mom," replied the oldest brother.

"En bog? Det er en perfekt gave til mor," svarede den ældste bror.

"Yes, we can give her my favorite book," said the middle brother as he approached the bookshelf.

"Ja, vi kan give hende min yndlingsbog," sagde den mellemste bror, mens han nærmede sig bogreolen.

"But Mom likes mystery books," said Jimmy sadly, "and this book is for kids."

"Men mor kan lide mysteriebøger," sagde Jimmy trist, "og denne bog er for børn."

"I guess you're right," agreed his middle brother. "What should we do?"

"Du har nok ret," sagde hans mellemste bror. "Hvad skal vi gøre?"

The three bunny brothers were sitting and thinking quietly, until the oldest brother finally said,

De tre kaninbrødre sad stille og tænkte, indtil den ældste bror endelig sagde,

"There is only one thing that I can think of. Something that we can do by ourselves, like a card."

"Der er kun én ting, jeg kan komme i tanke om. En ting, vi kan lave selv. Et kort."

"We can draw millions of millions of hearts," said the middle brother. "And tell Mom how much we love her."

"Vi kan tegne millioner af hjerter," sagde den mellemste bror. "Og fortælle mor hvor meget vi elsker hende."

They all became very excited and started to work.

De blev alle meget begejstrede og begyndte at arbejde.

Three bunnies worked very hard. They cut and glued, folded and painted.

De tre kaniner arbejdede meget hårdt. De klippede og limede, foldede og malede.

Jimmy and his middle brother drew hearts and kisses. When they finished, they added more hearts and even more kisses.

Jimmy og hans mellemste bror tegnede hjerter og kys. Når de blev færdige, lavede de bare flere hjerter og kys.

Then the oldest brother wrote in large letters:
Den ældste bror skrev med store bogstaver:

"Happy birthday, Mommy! We love you soooooooo much. Your kids."

"Tillykke med fødselsdagen, Mor! Vi elsker dig sååååååå meget. Dine børn."

Finally, the card was ready. Jimmy smiled.
Endelig var kortet færdigt. Jimmy smilede.

"I'm sure Mom will like it," he said, wiping his dirty hands on his pants.
"Jeg er sikker på, at mor vil kunne lide det," sagde han, mens han tørrede sine beskidte hænder af i sine bukser.

"Jimmy, what are you doing?" screamed the oldest brother. "Don't you see your hands are covered in paint and glue?"
"Jimmy, hvad laver du?" skreg den ældste bror. "Kan du ikke se, at dine hænder er dækket af maling og lim?"

"Oh, oh..." said Jimmy. "I didn't notice. Sorry!"
"Åh, åh..." sagde Jimmy. "Det lagde jeg ikke mærke til. Undskyld!"

"Now Mom has to do laundry on her own birthday," added the oldest brother, looking at Jimmy strictly.

"Nu skal mor vaske tøj på sin fødselsdag," tilføjede den ældste bror, mens han kiggede strengt på Jimmy.

"No way! I won't let this happen!" exclaimed Jimmy. "I'll wash my pants myself."

"Nej, det vil jeg ikke lade ske!" udbrød Jimmy. "Jeg vasker mine bukser selv."

Together they washed all the paint and glue from Jimmy's pants and hung them to dry.

Sammen vaskede de al malingen og limen af Jimmys bukser og hang dem til tørre.

On the way back to their room, Jimmy gave a quick glance into living room and saw their Mom there.

På vejen tilbage til deres værelse, kiggede Jimmy hurtigt ind i stuen og så deres mor.

"Look, Mom is sleeping on the couch," whispered Jimmy to his brothers.

"Se, mor sover på sofaen," hviskede Jimmy til sine brødre.

"I'll bring my blanket," said the older brother who ran back to their room.

"Jeg henter mit tæppe," sagde den ældste bror og løb tilbage til deres værelse.

Jimmy was standing and looking at his Mom sleeping. In that moment he realized what the perfect gift for their Mom should be. He smiled.

Jimmy stod og kiggede på, at moren sov. I det øjeblik gik det op for ham, hvad den perfekte gave ville være. Han smilede.

"I have an idea!" said Jimmy when the oldest brother came back with the blanket.

"Jeg har en idé!" sagde Jimmy da den ældste bror kom tilbage med tæppet.

He whispered something to his brothers and all three bunnies nodded their heads, smiling widely.

Han hviskede noget til sine brødre, og alle tre kaniner nikkede og smilede bredt.

Quietly they approached the couch and covered their Mom with the blanket.

Stille gik de hen til sofaen og lagde tæppet over deres mor.

Each of them kissed her gently and whispered, "We love you, Mommy."

Hver af dem kyssede hende og hviskede, " Vi elsker dig mor."

Mom opened her eyes. "Oh, I love you too," she said, smiling and hugging her sons.

Deres mor åbnede øjnene. "Åh, jeg elsker også jer," sagde hun smilende og krammede sine sønner.

The next morning, the three bunny brothers woke up very early to prepare their surprise present for Mom.

Den næste morgen stod de tre kaninbrødre meget tidligt op for at gøre overraskelsen klar til deres mor.

They brushed their teeth, made their beds perfectly and checked that all the toys were in place.

De børstede deres tænder, redte deres senge og tjekkede at alt deres legetøj var lagt på plads.

After that, they headed to the living room to clean the dust and wash the floor.

Efter at de havde ryddet op, gik de ind i stuen for at gøre rent og vaske gulvet.

Next, they came into the kitchen.
Bagefter gik de ind i køkkenet.

"I'll prepare Mom's favorite toasts with strawberry jam," said the oldest brother, "and you, Jimmy, can make her fresh orange juice."
"Jeg laver mors yndlingstoast med jordbærsyltetøj," sagde den ældste bror. "Jimmy, du kan lave friskpresset appelsinjuice."

"I'll bring some flowers from the garden," said the middle brother who went out the door.
"Jeg henter nogle blomster fra haven," sagde den mellemste bror og gik ud ad døren.

When breakfast was ready, the bunnies washed all the dishes and decorated the kitchen with flowers and balloons.

Da morgenmaden var klar, vaskede de tre kaniner op og pyntede køkkenet med blomster og balloner.

The happy bunny brothers entered Mom and Dad's room holding the birthday card, the flowers and the fresh breakfast.

De glade kaninbrødre gik ind på deres mors og fars værelse imens de holdt kortet, blomsterne og den frisklavede morgenmad frem.

Mom was sitting on the bed. She smiled as she heard her sons singing "Happy Birthday," while they entered the room.

Mor sad i sengen. Hun smilede, da hun hørte sine tre børn synge "I dag er det mors fødselsdag," imens de gik ind på værelset.

"We love you, Mom," they screamed all together.

"Vi elsker dig mor!" skreg de alle på samme tid.

"I love you all too," said Mom, kissing all her sons. "It's my best birthday ever!"

"Jeg elsker også jer," sagde mor og kyssede alle sine sønner. "Det her er min bedste fødselsdag nogensinde!"

"You haven't seen everything yet," said Jimmy with a wink to his brothers. "You should check the kitchen and the living room!"

"Du har ikke set det hele endnu," sagde Jimmy og blinkede til sine brødre. "Du skulle se køkkenet og stuen!"

www.ingramcontent.com/pod-product-compliance
Lightning Source LLC
Chambersburg PA
CBHW061142070526
44584CB00033B/4398